课本
里的
作家

课本里的作家

比尾巴

程宏明 / 著

小学语文同步阅读
一年级
彩绘注音版

山东教育出版社
·济南·

图书在版编目（CIP）数据

比尾巴 / 程宏明著 . — 济南 : 山东教育出版社，
2023.2（2023.3 重印）

（爱阅读·课本里的作家）

ISBN 978-7-5701-2462-6

Ⅰ．①比… Ⅱ．①程… Ⅲ．①阅读课—小学—教学参
考资料 Ⅳ．①G624.233

中国版本图书馆 CIP 数据核字（2022）第 255215 号

BI WEIBA

比尾巴

程宏明　著

主管单位：山东出版传媒股份有限公司

出版发行：山东教育出版社

地址：济南市市中区二环南路 2066 号 4 区 1 号　邮编：250003

电话：（0531）82092600　　网址：www.sjs.com.cn

印　　刷：天津泰宇印务有限公司

版　　次：2023 年 2 月第 1 版

印　　次：2023 年 3 月第 2 次印刷

开　　本：700 mm × 1000 mm　1/16

印　　张：8

字　　数：50 千

定　　价：28.80 元

总序

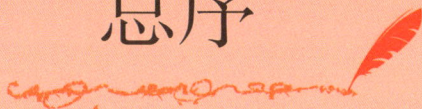

　　北京书香文雅图书文化有限公司的李继勇先生与我联系，说他们策划了一套《爱阅读·课本里的作家》丛书，读者对象主要是中小学生，可以作为学生的课外阅读用书，希望我写篇序。作为一名语文教育工作者，在中共中央办公厅、国务院办公厅印发《关于进一步减轻义务教育阶段学生作业负担和校外培训负担的意见》（以下简称"双减"）的大背景下，为学生推荐这套优秀课外读物责无旁贷，也更有意义。

一、"双减"以后怎么办？

　　"双减"政策对义务教育阶段学生的作业和校外培训作出严格规定。我认为这是一件好事。曾几何时，我们的中小学生作业负担重，不少学生不是在各种各样的培训班里，就是在去培训班的路上。学生"学"无宁日，备尝艰辛；家长们焦虑不安，苦不堪言。校外培训机构为了增强吸引力，到处挖掘优秀教师资源，有些老师受利益驱使，不能安心从教。他们的行为破坏了教育生态，违背了教育规律，严重影响了我国教育改革发展。教育是什么？教育是唤醒，是点燃，是激发。而校外培训的噱头仅仅是提高考试成绩，让学生在中高考中占得先机。他们的广告词是"提高一分，干掉千人"，大肆渲染"分数为王"，在这种压力之下，学生面对的是"分萧萧兮题海寒"，不得不深陷题海，机械刷题。假如只有一部分学生上培训班，提高的可能是分数。但是，如果大多数学生或者所有学生都去上培训班，那提高的就不是分数，而只是分数线。教育的根本任务是立德树人，是培根铸魂，是启智增慧，是让学生的德智体美劳全面发展，是培养社会主义建设者和接班人，是为中华民族伟大复兴提供人才，而不是培养只会考试的"机器"，更不能被资本所"绑架"。所以中央才"出重拳""放实招"，目的就是要减轻学生过重的课业负担，减轻家长过重的经济和精神负担。

　　"双减"政策出台后，学生们一片欢呼，再也不用在各种培训班之间来回奔波了，但家长产生了新的焦虑：孩子学习成绩怎么办？而对学校老师来说，这是一个新挑战、新任务，当然也是新机遇。学生在校时间增加，要求老师提升教学水平，科学合理布置作业，同时开展课外延伸服务，事实上是老师陪伴学生的时间增加了。这部分在校时间怎么安排？如何让学生利用好课外时间？这一切考验着老师们的智慧。而开展各种课外活动正好可以解决这个难题。比如：热爱人文的，可以开展阅读写作、演讲辩论，学习传统文化和民风民俗等社团活动；喜爱数理的，可以组织科普科幻、实验研究、统计测量、天文观测等兴趣小组；也可以开展体育比赛、艺术体验（音乐、美术、书法、戏剧……）和劳动教育等实践活动。当然，所有的活动都应以培养学生的兴趣爱好为目的，以自愿参加为前提。学校开展课后服务，可以多方面拓展资源，比如博物馆、图书馆、科技馆、陈列馆、少年宫、青少年活动中心，甚至校外培训机构的优质服务资源，还可组织征文比赛、志愿服务、社会调查等，助力学生全面发展。

二、课外阅读新机遇

近年来，新课标、新教材、新高考成为语文教育改革的热词。我曾经看到一个视频，说语文在中高考中的地位提高了，难度也加大了。这种说法有一定道理，但并不准确。说它有一定道理，是因为语文能力主要指一个人的阅读和写作能力，而阅读和写作能力又是一个人综合素养的体现。语文能力强，有助于学习别的学科。比如数学、物理中的应用题，如果阅读能力上不去，读不懂题干，便不能准确把握解题要领，也就没法准确答题；英语中的英译汉、汉译英题更是考查学生的语言表达能力；历史题和政治题往往是给一段材料，让学生去分析、判断，得出结论，并表述自己的观点或看法。从这点来说，语文在中高考中的地位提高有一定道理。说它不准确，有两个方面的理由：一是语文学科本来就重要，不是现在才变得重要，之所以产生这种错觉，是因为在应试教育的背景下，语文的重要性被弱化了；二是语文考试的难度并没有增加，增加的只是阅读思维的宽度和广度，考查的是阅读理解、信息筛选、应用写作、语言表达、批判性思维、辩证思维等关键能力。可以说，真正的素质教育必须重视语文，因为语文是工具，是基础。不少家长和教师认为课外阅读浪费学习时间，这主要是教育观念问题。他们之所以有这种想法，无非是认为考试才是最终目的，希望孩子可以把更多时间用在刷题上。他们只看到课标和教材的变化，以为考试还是过去那一套，其实，考试评价已发生深刻变革。目前，考试评价改革与新课标、新教材改革是同向同行的，都是围绕立德树人做文章。中共中央、国务院印发的《深化新时代教育评价改革总体方案》明确指出："稳步推进中高考改革，构建引导学生德智体美劳全面发展的考试内容体系，改变相对固化的试题形式，增强试题开放性，减少死记硬背和'机械刷题'现象。"显然就是要用中高考"指挥棒"引领素质教育。新高考招生录取强调"两依据，一参考"，即以高考成绩和高中学业水平考试成绩为依据，以综合素质评价为参考。这也就是说，高考成绩不再是高校选拔新生的唯一标准，不只看谁考的分数高，而是看谁更有发展潜力、更有创造性，综合素质更高，从而实现由"招分"向"招人"的转变。而这绝不是仅凭一张高考试卷能够区分出来的，"机械刷题"无助于全面发展，必须在课内学习的基础上，辅之以内容广泛的课外阅读，才能全面提高综合素养。

　　三、"爱阅读"助力成长

　　这套《爱阅读·课本里的作家》丛书是为中小学生读者量身打造的，符合《义务教育语文课程标准》倡导的"好读书、读好书、读整本的书"的课改理念，可以作为学生课内学习的有益补充。我一向认为，要学好语文，一要读好三本书，二要写好两篇文，三要养成四个好习惯。三本书指"有字之书""无字之书""心灵之书"，两篇文指"规矩文"和"放胆文"，四个好习惯指享受阅读的习惯、善于思考的习惯、乐于表达的习惯和自主学习的习惯。古人说"读万卷书，行万里路"，实际上就是要处理好读书与实践的关系。对于中小学生来说，读书首先是读好"有字之书"。"有字之书"，有课本，有课外自读课本，还有"爱阅读"这样的课外读物。读书时我们不能眉毛胡子一把抓，要区分不同的书，采取不同的读法。一般说来，读法有精读，有略读。精读需要字斟句酌，需要咬文嚼字，但费时费力。当然也不是所有的书都需要精读，可以根据自己的需要决定精读还是略读。新课标提倡中小学生进行整本书阅读，但是学生往往不能耐着性子读完一整本书。新课标提倡的整本书阅读，主要是针对过去的单篇教学来说的，并不是说每本书都要从头读到尾。教材设计的练习项目也是有弹性的、可选择的，不可能有统一的"阅读计划"。我的建议是，整本书阅读应把精读、略读与浏览结合起来，精读重在示范，略读重在博览，浏览略观大意即可，三者相辅相成，不宜偏于一隅。不仅如此，学生还可以把阅读与写作、读书与实践、课内与课外结合起来。整本书阅读重在掌握阅读方法，拓展阅读视野，培养读书兴趣，养成阅读习惯。

再说写好两篇文。学生读得多了，素养提高了，自然有话想说，有自己的观点和看法要发表。发表的形式可以是口头的，也可以是书面的，书面表达就是写作。写好两篇文，一篇规矩文，一篇放胆文。规矩文重打基础，放胆文更见才气。规矩文要求练好写作基本功，包括审题、立意、选材、构思等，同时还要掌握记叙文、议论文、说明文、应用文的基本要领和写作规范。规矩文的写作要在教师的指导下进行。放胆文则鼓励学生放飞自我、大胆想象，各呈创意、各展所长，尤其是展现自己的写作能力、语言表达能力、批判性思维能力和辩证思维能力。放胆文的写作可以多种多样，除了大作文，也可以写小作文。有兴趣的学生还可以进行文学创作，写诗歌、小说、散文、剧本等。

学习语文还要养成四个好习惯。第一，享受阅读的习惯。爱阅读非常重要，每个同学都应该有自己的个性化书单。有的同学喜欢网络小说也没有关系，但需要防止沉迷其中，钻进"死胡同"。这套《爱阅读·课本里的作家》丛书，给中小学生课外阅读提供了大量古今中外的名家名作。第二，善于思考的习惯。在这个大众创业、万众创新的时代，创新人才的标准，已不再是把已有的知识烂熟于心，而是能够独立思考，敢于质疑，能够自己去发现问题、提出问题和解决问题，需要具有探究质疑能力、独立思考能力、批判性思维和辩证思维能力。第三，乐于表达的习惯。表达的乐趣在于说或写的过程，这个过程比说得好、写得完美更重要。写作形式可以不拘一格，比如作文、日记、笔记、随笔、漫画等。第四，自主学习的习惯。我的地盘我做主，我的语文我做主。不是为老师学，也不是为父母长辈学，而是为自己的精神成长学，为自己的未来学。

愿广大中小学生能借助这套《爱阅读·课本里的作家》丛书，真正爱上阅读，插上想象的翅膀，飞向未来的广阔天地！

目录

我爱
读课文

原文赏读

比尾巴
bǐ wěi ba

🕐 课本原文

shuí de wěi ba cháng
谁的尾巴长？

shuí de wěi ba duǎn
谁的尾巴短？

shuí de wěi ba hǎo xiàng yì bǎ sǎn
谁的尾巴好像一把伞？

hóu zi de wěi ba cháng
猴子的尾巴长。

tù zi de wěi ba duǎn
兔子的尾巴短。

sōng shǔ de wěi ba hǎo xiàng yì bǎ sǎn
松鼠的尾巴好像一把伞。

shuí de wěi ba wān
谁的尾巴弯？

shuí de wěi ba biǎn
谁的尾巴扁？

shuí de wěi ba zuì hǎo kàn
谁的尾巴最好看？

gōng jī de wěi ba wān
公鸡的尾巴弯。

yā zi de wěi ba biǎn
鸭子的尾巴扁。

kǒng què de wěi ba zuì hǎo kàn
孔雀的尾巴最好看。

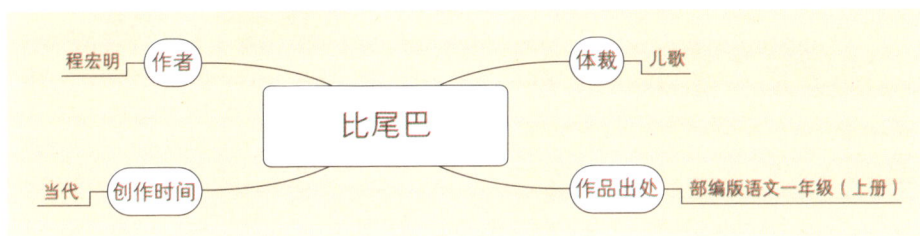

 我能学会

程宏明 — 作者		体裁 — 儿歌	
	比尾巴		
当代 — 创作时间		作品出处 — 部编版语文一年级（上册）	

作品赏析

zhè shǒu ér gē tōng guò wèn dá de duì huà fāng shì   fēn bié
这首儿歌通过问答的对话方式，分别
jiè shào le hóu zi   tù zi   sōng shǔ   gōng jī   yā zi
介绍了猴子、兔子、松鼠、公鸡、鸭子、
kǒng què liù zhǒng dòng wù wěi ba de tè diǎn   bù jǐn gào su le wǒ
孔雀六种动物尾巴的特点。不仅告诉了我
men zì rán jiè zhōng měi gè dòng wù de wěi ba shì bú yí yàng de
们自然界中每个动物的尾巴是不一样的，
yě ràng wǒ men duì qí tā dòng wù de wěi ba chǎn shēng le nóng hòu
也让我们对其他动物的尾巴产生了浓厚
de xìng qù
的兴趣。

3

我要学习

1．会写"比、巴、长、把"等生字，认识"尾、谁、短、伞、兔、最"等生字。

2．正确且有感情地朗读课文，背诵课文。

3．读懂课文内容，了解动物尾巴的特点。

生字表析

会写的字

bǐ 比	部首	笔画	结构	造字	组词
	比	4	左右	会意	比赛　对比
辨字	此（从此　此前）				
字义	1.比较，较量。2.比方；比喻。				
造句	我们班在歌唱比赛中获得了胜利。				

bā 巴	部首	笔画	结构	造字	组词
	巳	4	独体	象形	尾巴　下巴
辨字	把（把手　把关）				
字义	1.盼望。2.紧贴。3.粘在别的东西上的东西。4.巴士。				
造句	我每天都要坐大巴车上学。				

cháng 长	部首	笔画	结构	造字	组词
	长	4	独体	象形	长短　很长
辨字	衣（衣服　上衣）				
字义	1.两端的距离大，跟"短"相对。2.长度。3.长处。				
造句	同学之间要互相学习，取长补短。				

bǎ 把	部首	笔画	结构	造字	组词
	扌	7	左右	形声	一把　扫把
辨字	肥（减肥　肥大）				
字义	1.量词，用于有把手或能用手抓起的器具。2.用手握住。				
造句	外面下雨了，我要去给妈妈送一把伞。				

会认的字

wěi	组词
尾	尾巴 首尾

shuí	组词
谁	谁家 谁知

duǎn	组词
短	长短 短发

sǎn	组词
伞	雨伞 保护伞

tù	组词
兔	兔子 白兔

zuì	组词
最	最好 最后

知识乐园

一、看拼音，写词语。
kàn pīn yīn xiě cí yǔ

cháng
□ 短

yì   bǎ
□ □

ba
尾 □

bǐ   yi   bǐ
□ □ □

二、辨字组词。
biàn zì zǔ cí

比（　　　）　　长（　　　）　　巴（　　　）
此（　　　）　　衣（　　　）　　把（　　　）

三、看一看，下面的字会变成什么字？

kàn yi kàn xià miàn de zì huì biàn chéng shén me zì

鸭 － 甲 ＝ ______

松 － 木 ＝ ______

免 ＋ 、 ＝ ______

巴 ＋ 扌 ＝ ______

四、仔细阅读课文，看一看它们的尾巴有什么特点。

zǐ xì yuè dú kè wén kàn yi kàn tā men de wěi ba yǒu shén me tè diǎn

猴子的尾巴____长____

兔子的尾巴__________

松鼠的尾巴__________

公鸡的尾巴__________

鸭子的尾巴__________

孔雀的尾巴__________

xuě dì lǐ de xiǎo huà jiā
雪地里的小画家

 课本原文

xià xuě la　　xià xuě la
下雪啦，下雪啦！

xuě dì lǐ lái le yì qún xiǎo huà jiā
雪地里来了一群小画家。

xiǎo jī huà zhú yè　　xiǎo gǒu huà méi huā
小鸡画竹叶，小狗画梅花，

xiǎo yā huà fēng yè　　xiǎo mǎ huà yuè yá
小鸭画枫叶，小马画月牙。

bú yòng yán liào bú yòng bǐ
不用颜料不用笔，

jǐ bù jiù chéng yì fú huà
几步就成一幅画。

qīng wā wèi shén me méi cān jiā
青蛙为什么没参加？

tā zài dòng lǐ shuì zháo la
他在洞里睡着啦。

 我能学会

程宏明—作者　　　体裁—儿歌

雪地里的小画家

当代—创作时间　　作品出处—部编版语文一年级（上册）

9

 作品赏析

这首儿歌以韵文的形式，不但形象地描述了四种动物爪（蹄）的形状和青蛙冬眠的特点，而且语言生动，富有童趣，读起来朗朗上口。

 识记与拓展

我要学习

1. 会写"竹、马、牙、用、几"等生字，认识"群、步、为、参、加、洞"等生字。

2. 正确、流利地朗读课文，背诵课文。

3. 了解小动物们脚印的不同形状，了解青蛙冬眠的特点。

会写的字

zhú 竹	部首	笔画	结构	造字	组词
	竹	6	左右	象形	竹林　竹子
辨字	林（树林　丛林）				
字义	一种常绿植物，茎节明显，中空，质地坚硬。				
造句	熊猫最爱吃竹子。				

mǎ 马	部首	笔画	结构	造字	组词
	马	3	独体	象形	骑马　马术
辨字	与（交与　与时俱进）				
字义	一种动物，供人骑或拉东西。				
造句	马是一种跑得很快的动物。				

yá 牙	部首	笔画	结构	造字	组词
	牙	4	独体	象形	牙牙学语　象牙
辨字	才（才华　人才）				
字义	牙齿。				
造句	我们要从小保护牙齿。				

yòng 用	部首	笔画	结构	造字	组词
	用	5	独体	象形	使用　用处
辨字	月（月亮　日月）				
字义	使用，使人、事物发挥功能。				
造句	说明书上有这台机器的使用方法。				

jǐ 几	部首	笔画	结构	造字	组词
	几	2	独体	象形	几人　几何
辨字	儿（儿童　儿歌）				
字义	1.表示不定的数目。2.询问数量多少				
造句	小朋友，你今年几岁了？				

会认的字

qún 群	组词
	人群 羊群

bù 步	组词
	步伐 迈步

wèi 为	组词
	因为 为什么

cān 参	组词
	参加 参考

jiā 加	组词
	加入 加法

dòng 洞	组词
	洞穴 洞察

一、 kàn pīn yīn xiě cí yǔ
看拼音，写词语。

zhú   yè

yuè   yá

xiǎo   mǎ

jǐ   gè

二、 bǐ yi bǐ zǔ cí
比一比，组词。

几（　　　　）　　牙（　　　　）　　用（　　　　）
凡（　　　　）　　才（　　　　）　　月（　　　　）

三、 àn yàng zi xiě cí yǔ
按样子，写词语。

多种多样（ABAC）＿＿＿＿＿＿

马到成功（含动物）＿＿＿＿＿＿

dōng xī nán běi
东西南北

课本原文

gōng jī jiào　　zǎo qǐ chuáng
公鸡叫，早起床，

miàn xiàng hóng tài yáng
面向红太阳：

qián miàn shì dōng　　hòu miàn shì xī
前面是东，后面是西，

zuǒ miàn shì běi　　yòu miàn shì nán
左面是北，右面是南。

dōng xī nán běi wǒ rèn shi
东西南北我认识，

xīn ér xǐ yáng yáng
心儿喜洋洋！

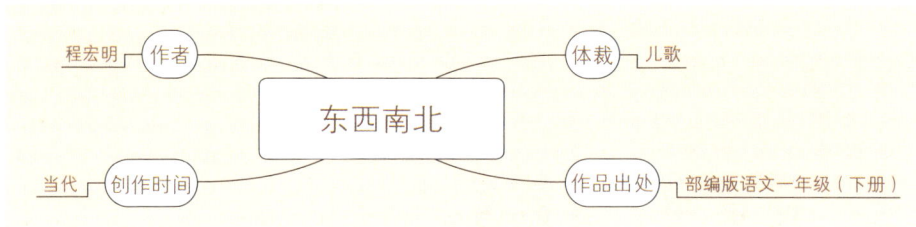

我能学会

程宏明—作者		体裁—儿歌	
	东西南北		
当代—创作时间		作品出处—部编版语文一年级（下册）	

14

这是由八个方位词（字）构成 的 儿歌，
主 要 是 让 同 学 们 学 习 关 于 方 位 的 词 和 字。
课 文 告 诉 我 们，太 阳 早 晨 从 东 方 升 起，
面 向 太 阳 的 方 位 为 东，后 面 为 西，左 面
为 北，右 面 为 南。我 们 在 学 习 过 程 中 不
仅 要 记 住 词 和 字，也 要 弄 清 生 活 中 的 实
际 方 位。

识记与拓展

我要学习

1. 会 写 "前、后、左、右" 等 生 字，
认 识 "东、西、南、北" 等 生 字，。

2. 正 确 朗 读 课 文，背 诵 课 文。

3. 学 会 区 分 东、西、南、北 四 个 方 位。

会写的字

qián 前	部首	笔画	结构	造字	组词
	丷	9	上下	形声或会意	前方　前面
辨字	煎（煎药　煎熬）				
字义	1.方位词。在正面的（指空间，跟"后"相对）。2.往前走。				
造句	指示牌上写着："前方施工，小心慢行。"				

hòu 后	部首	笔画	结构	造字	组词
	口	6	半包围	会意	后门　后进
辨字	诟（诟骂　诟病）				
字义	方位词。在背面的（指空间，跟"前"相对）。				
造句	前门上锁了，我们只能从后门进。				

zuǒ 左	部首	笔画	结构	造字	组词
	工	5	半包围	形声、会意	左右　左手
辨字	在（存在　在位）				
字义	方位词。面向南时靠东的一边。				
造句	我的左手边坐的是小红。				

	部首	笔画	结构	造字	组词
yòu 右	口	5	半包围	会意	右边　右手

辨字	佑（保佑　护佑）
字义	方位词。面向南时靠西的一边。
造句	汽车在路上要靠右行驶。

会认的字

dōng	组词
东	东方 东风

xī	组词
西	西服 西洋

nán	组词
南	南京 南瓜

běi	组词
北	北京 北方

知识乐园

一、 连线。
lián xiàn

前   qián

左   hòu

右   zuǒ

后   yòu

二、 按样子，写词语。
àn yàng zi   xiě cí yǔ

喜洋洋（ABB）_____

前前后后（AABB）_____

三、 填空。
tián kòng

早上太阳从（　）方升起，这时我们面向太阳，我们的背后是（　）方，我们的左手边是（　）方，右手边是（　）方。

课本作家
作品

自主阅读

ràng bà ba shuì hǎo jiào
让爸爸睡好觉

xiǎo má què　　nǐ bié chǎo
小麻雀，你别吵，

xiǎo huā māo　　nǐ bié nào
小花猫，你别闹。

bà ba gāng bǎ yè bān xià
爸爸刚把夜班下，

yīng gāi ràng tā shuì hǎo jiào
应该让他睡好觉。

sī jī zé rèn dà
司机责任大，

ān quán zuì zhòng yào
安全最重要。

pí láo jià shǐ　　yǒu wēi xiǎn
"疲劳驾驶"有危险，

zhī dào bù zhī dào
知道不知道？

wǒ jìn jiā　　xiān tuō xié
我进家，先脱鞋，

qīng shēng xī　　guāng zhe jiǎo
轻声息，光着脚。

zán men dōu dāng guāi hái zi
咱们都当乖孩子，

téng ài bà ba hǎo bù hǎo
疼爱爸爸好不好？

má què diǎn tóu jìng qiāo qiāo
麻雀点头静悄悄，
huā māo zhǎ yǎn xiǎo shēng xiào
花猫眨眼小声笑：
miāor miào
"喵儿——妙"……

动物过冬

大动物，小动物。
过冬各自有"奇术"：
野兔雪天挤一处，
取暖互相撞肚肚；
松鼠御寒常爬树，
爬上跳下总反复；
野鹿争先斗寒流，
三五成群相追逐；
老虎奔跑大声吼，
浑身变暖才停住……

四季风

chūn tiān guā dōng fēng
春天刮东风，

mài miáo dōu shuì xǐng
麦苗都睡醒。

xià tiān guā nán fēng
夏天刮南风，

xiǎo shù lǜ cōng cōng
小树绿葱葱。

qiū tiān guā xī fēng
秋天刮西风，

shì zi diǎn hóng dēng
柿子点红灯。

dōng tiān guā běi fēng
冬天刮北风，

xuě rén xǐ yíng yíng
雪人喜盈盈。

23

xiǎo xióng mǎi guǒ jiàng
小熊买果酱

小黑熊，买果酱，

捧着碟子喜洋洋。

尝一口，甜又香，

馋得心里直痒痒。

一路走，一路尝，

回到家里全舔光。

妈妈见了把头摇，

小熊低头羞得慌……

青蛙 (qīng wā)

两眼圆睁，
liǎng yǎn yuán zhēng

嘴巴大大。
zuǐ ba dà dà

又蹦又跳，
yòu bèng yòu tiào

叫声"咕呱"。
jiào shēng gū guā

妈妈发话：
mā ma fā huà

"娃娃别怕，
wá wa bié pà

它是青蛙，
tā shì qīng wā

保护庄稼！"
bǎo hù zhuāng jia

白兔练爬高
bái tù liàn pá gāo

xiǎo bái tù　　liàn pá gāo
小白兔，练爬高，

xīn yě fú　　qì yě zào
心也浮，气也躁：

máo shǒu máo jiǎo dēng tī zi
毛手毛脚登梯子，

yí bèng yí bèng wǎng shàng tiào
一蹦一蹦往上跳。

jiǎo cǎi kōng　　tī zi dǎo
脚踩空，梯子倒。

jī li gū lū wǎng xià diào
叽哩咕噜往下掉。

shàng zuǐ chún　　pò liǎng bàn
上嘴唇，破两瓣，

yǎn jing kū chéng　　hóng yīng tao
眼睛哭成"红樱桃"。

小白兔吃萝卜

小白兔，吃萝卜，

"啊呜"咬一口，

"咕咚"咽下肚。

噎得翻白眼，

憋得喘气粗……

小白兔，"呜呜"哭：

"今后吃东西，

细嚼不马虎！"

27

小山羊

xiǎo shān yáng

小山羊，长犄角，

顶小狗，撞小猫，

小鸡、小鸭全赶跑。

牛伯伯，把头摇，

一字一句说得好：

"'撒野'不是好宝宝！"

28

小黑熊，上学校
xiǎo hēi xióng　　shàng xué xiào

小黑熊，起得早，
xiǎo hēi xióng　　qǐ de zǎo

背起书包上学校：
bēi qǐ shū bāo shàng xué xiào

走进教室往回跑——
zǒu jìn jiào shì wǎng huí pǎo

课本忘在家里了！
kè běn wàng zài jiā lǐ le

跑回家，到处找，
pǎo huí jiā　　dào chù zhǎo

捧起课本上学校：
pěng qǐ kè běn shàng xué xiào

走进教室急跺脚——
zǒu jìn jiào shì jí duò jiǎo

哎呀呀，
āi yā yā

书包又忘家里了！
shū bāo yòu wàng jiā lǐ le

这是为什么？

小兰兰，进商店，

提着瓶子端着盘。

打了油，买了盐，

低着头，大步窜，

"砰"地撞上电线杆。

碎了瓶，破了盘，

两眼泪水流成串……

31

标点符号歌

标点符号真新鲜，

我们大家记心间：

顿号像瓜子（、）

句号是圆圈儿（。）

逗号像蝌蚪（，）

分号是蝌蚪顶球玩（；）

感叹号像金钥匙（！）

问号像个银耳环（？）

啦啦啦——

会写会用多喜欢。

照星星
zhào xīng xing

夜儿深，人儿静，
yè ér shēn rén ér jìng

月牙弯弯挂天空。
yuè yá wān wān guà tiān kōng

我拿手电筒，
wǒ ná shǒu diàn tǒng

照呀，照星星——
zhào ya zhào xīng xing

满天宝石是谁撒？
mǎn tiān bǎo shí shì shuí sǎ

为啥发光亮晶晶？
wèi shá fā guāng liàng jīng jīng

"银河"里，可有水？
yín hé lǐ kě yǒu shuǐ

北斗星，咋运行？
běi dǒu xīng zǎ yùn xíng

······

星星、星星快回答，
xīng xing xīng xing kuài huí dá

光眨眼睛不顶用。
guāng zhǎ yǎn jing bù dǐng yòng

等我明天长大了，
děng wǒ míng tiān zhǎng dà le

坐上飞船下命令！
zuò shàng fēi chuán xià mìng lìng

33

guǒ yuán dà fēng shōu
果园大丰收

dà píng guǒ　　yuán liū liū
大苹果，圆溜溜，

dī li dū lū mǎn zhī tóu
嘀哩嘟噜满枝头：

1、2、3，4、5、6，

yí gè yí gè quán hóng tòu
一个一个全红透。

dà yā lí　　guà xiù qiú
大鸭梨，挂绣球，

yì zhū yì zhū piāo cǎi chóu
一株一株飘彩绸：

4、5、6，7、8、9，

shān shān lǐng lǐng quán tián tòu
山 山 岭 岭 全 甜 透……

34

洁白的伞花蓝天上开

小朋友，快快猜，

什么花，蓝天上开？

好像白云一朵朵，

乘着风儿飘下来。

动脑筋，猜得快，

洁白的伞花蓝天上开：

伞兵叔叔本领大，

腾云驾雾飞下来。

飘呀飘，飞呀飞，

保卫祖国春长在！

会飞的"红对勾儿"

在我的作业本上，

落满了红色的"对勾儿"。

我向它们微笑，

它们向我点头。

好像说呀：

"咱们交朋友——

快抓住宝贵的时光，

快握紧友谊的双手！"

在我的作业本上，

飞起了红色的"对勾儿"，

我向它们敬礼，

它们向我招手。

好像说呀：

zán men qù   lǚ yóu
"咱们去旅游——
fēi xiàng nà zhī shi de hǎi yáng
飞向那知识的海洋，
fēi xiàng nà shén mì de xīng qiú
飞向那神秘的星球！"

37

好邻居

hǎo lín jū

小白兔，楼上住，
xiǎo bái tù　lóu shàng zhù

小花猪，楼下住。
xiǎo huā zhū　lóu xià zhù

争夸好邻居，
zhēng kuā hǎo lín jū

生活真和睦：
shēng huó zhēn hé mù

"楼上小兔不乱跳！"
lóu shàng xiǎo tù bú luàn tiào

"楼下小猪哇——
lóu xià xiǎo zhū wa

睡觉轻轻打呼噜！"
shuì jiào qīng qīng dǎ hū lu

自己的事自己干

妈妈、妈妈您别管,

洗袜子,洗手绢,

应该让我练——

自己的事自己干!

39

kūn chóng bì shǔ
昆虫避暑

xià tiān dào　　 rè nán xiāo
夏天到，热难消，

kūn chóng bì shǔ zhēn qí miào
昆虫避暑真奇妙：

mì fēng yùn shuǐ sǎ cháo lǐ
蜜蜂运水洒巢里，

shān dòng chì bǎng jiàng wēn hǎo
扇动翅膀降温好。

mǎ yǐ bān shā dǔ dòng kǒu
蚂蚁搬沙堵洞口，

dǎng zhù rè qì tōu tōu xiào
挡住热气偷偷笑。

qīng tíng wěi jiān xiàng tài yáng
蜻蜓尾尖向太阳，

fáng zhǐ qiáng guāng shài yūn nǎo
防止强光晒晕脑。

hú dié zhōng wǔ hé shuāng chì
蝴蝶中午合双翅，

shù yè bèi hòu cáng de qiǎo
树叶背后藏得巧……

植物报天气

桃树叶，真稀奇，
为啥会有"泪珠"滴？
南瓜藤，弯弯曲，
为啥全都把头低？
告诉我，告诉你，
预报："阴天要下雨。"
细观察，讲科学，
植物帮人解难题。

不和眼镜交朋友

小眼镜，到处走，

扭搭、扭搭找朋友：

东边看，西边瞅，

哎呀呀——

它爱上了李小牛！

为什么？为什么？

小牛写字眼靠近纸，

读书看报常歪着头。

小眼镜到处走，

来到我家大门口。

见了我，把头扭。

啊哈哈——

42

tā jí máng kuài liū zǒu
它急忙快溜走，
wèi shén me wèi shén me
为什么？为什么？
wǒ dú shū xiě zì zī shì hǎo
我读书写字姿势好，
bù hé yǎn jìng jiāo péng you
不和眼镜交朋友！

为啥都夸小黑熊？
wèi shá dōu kuā xiǎo hēi xióng

花猫、白兔、小黑熊，
huā māo　　bái tù　　xiǎo hēi xióng

一同去旅行：
yì tóng qù lǚ xíng

说说笑笑路上走，
shuō shuō xiào xiào lù shàng zǒu

咦？眼前出现小水坑。
yí　　yǎn qián chū xiàn xiǎo shuǐ kēng

小花猫，眨眼睛，
xiǎo huā māo　　zhǎ yǎn jing

轻轻绕过小水坑，
qīng qīng rào guò xiǎo shuǐ kēng

小白兔，竖耳朵，
xiǎo bái tù　　shù ěr duo

纵身跳过小水坑。
zòng shēn tiào guò xiǎo shuǐ kēng

小黑熊，不出声，
xiǎo hēi xióng　　bù chū shēng

44

wǎn qǐ xiù zi bǎ tǔ pěng
挽起袖子把土捧，

kēng chi kēng　　　 tǐng zhe xiōng
"吭哧吭"，挺着胸，

shǐ jìn diàn píng xiǎo shuǐ kēng
使劲垫平小水坑。

huā māo dī xià tóu
花猫低下头，

bái tù liǎn xiū hóng
白兔脸羞红。

lù páng xiān huā zhāng xiào liǎn
路旁鲜花张笑脸，

qí kuā xiǎo hēi xióng
齐夸小黑熊！

45

lǐ mào gē
礼貌歌

hé rén jiàn miàn shuō   nín hǎo
和人见面说"您好",

qiú rén jiě dá shuō   qǐng jiào
求人解答说"请教",

shòu rén bāng zhù shuō   xiè xie
受人帮助说"谢谢",

má fan bié rén shuō   dǎ rǎo
麻烦别人说"打扰",

lǐ mào gē   jì de láo
《礼貌歌》记得牢,

wén míng fēng chuī bǎi huā xiào
文明风吹百花笑!

shàng xué qù
上学去

zǎo zǎo qǐ　　chuān hǎo yī
早早起，穿好衣，

bèi shàng shū bāo shàng xué qù
背上书包上学去。

jiàn le lǎo shī xiān wèn hǎo
见了老师先问好，

lì zhèng　　jǔ shǒu jìng gè lǐ
立正、举手敬个礼。

养成睡觉好习惯

睡前先去卫生间，

睡时安静心要专。

右侧卧，轻闭眼。

美梦悄悄香又甜……

48

唱国歌
chàng guó gē

千首歌，万首歌，
qiān shǒu gē wàn shǒu gē

我们最爱唱国歌。
wǒ men zuì ài chàng guó gē

"万众一心"向前进，
wàn zhòng yì xīn xiàng qián jìn

红花朵朵满山河。
hóng huā duǒ duǒ mǎn shān hé

红旗飘在咱心里

千面旗，万面旗，

我们最爱大红旗，

"镰刀、锤头"是党旗，

"五颗星星"是国旗……

呼啦啦，呼啦啦——

红旗飘在咱心里。

bù sī ná bié rén dōng xi
不私拿别人东西

niú niu yǒu gè huā pí qiú
牛牛有个花皮球，

rén rén xǐ ài zhēng zhe chǒu
人人喜爱争着瞅。

shuí yào sī zì ná zǒu wán
谁要私自拿走玩，

yīng gāi liǎn hóng xiū xiū xiū
应该脸红羞羞羞！

不说谎话

一是一，二是二，

不说谎话干实事儿。

人人都伸大拇指，

齐夸："好孩子！"

公园花美我不摘

红的红，白的白，

公园里，百花开。

花儿美，我不摘，

争当文明的"小乖乖"。

53

fàng xué la
放学啦

放学啦，笑眯眯，
fàng xué la　xiào mī mī

下楼梯，不拥挤。
xià lóu tī　bù yōng jǐ

争戴安全"小红花"，
zhēng dài ān quán　xiǎo hóng huā

有你，有我，还有他！
yǒu nǐ　yǒu wǒ　hái yǒu tā

54

不乱写乱画

学写字，

练画画——

地面不乱写，

墙上不乱画。

环境优美人人夸。

不说脏话

xiǎo wū yā　　hēi zuǐ ba
小乌鸦，黑嘴巴，

zhāng kǒu jiù huì shuō zāng huà
张口就会说脏话。

xǐ què wǔ ěr kuài duǒ kāi
喜鹊捂耳快躲开，

bǎi líng fēi zǒu yuǎn lí tā
百灵飞走远离它……

爱护小树
ài hù xiǎo shù

lù páng yǒu kē xiǎo liǔ shù
路旁有棵小柳树，

dà fēng chuī shāng zhàn bú zhù
大风吹伤站不住。

pǎo shàng qián　　bǎ tā fú
跑上前，把它扶，

máng bāo zā　　máng péi tǔ
忙包扎，忙培土……

xiǎo shù xiào la bú zài kū
小树笑啦不再哭。

57

不当"小皇帝"

bù dāng xiǎo huáng dì

爷爷奶奶听仔细，

我可不当"小皇帝"：

"说一不二"添霸气，

任性、耍赖没出息！

58

"小公主"不是我

爸爸妈妈听我说，

"小公主"呀不是我：

娇生惯养害处大，

蛮横、赌气毛病多！

好姐姐
hǎo niū niu

huā wà wa　　lòu ròu rou
花袜袜、露肉肉，

qián miàn zuān chū jiǎo dòu dou
前面钻出脚豆豆。

ná zhēn zhen　　féng　　lòu lou
拿针针，缝"漏漏"，

cáng qǐ jiǎo dòu bù xiū xiu
藏起脚豆不羞羞。

hā hā hā
哈哈哈——

dōu kuā wǒ　　　hǎo niū niu
都夸我："好姐姐"！

bù wán xiǎo dàn gōng
不玩小弹弓

xiǎo dàn gōng　　nǐ tīng qīng
小弹弓，你听清，

xiǎng hé wǒ wán kě bù xíng
想和我玩可不行：

shāng xiǎo niǎo　　miè lù dēng
伤小鸟，灭路灯，

nà kě bú shì hǎo ér tóng
那可不是好儿童！

养成吃饭好习惯
yǎng chéng chī fàn hǎo xí guàn

chī fàn qián　　xiān xǐ shǒu
吃饭前，先洗手，

bǎ zhù　　bìng cóng kǒu rù　　guān
把住"病从口入"关。

chī fàn shí　　bú xiào tán
吃饭时，不笑谈，

xì jiáo màn yàn tǐ qiáng jiàn
细嚼慢咽体强健。

<ruby>当<rt>dāng</rt></ruby> "<ruby>眼<rt>yǎn</rt></ruby><ruby>睛<rt>jing</rt></ruby>"

<ruby>盲<rt>máng</rt></ruby><ruby>人<rt>rén</rt></ruby><ruby>叔<rt>shū</rt></ruby><ruby>叔<rt>shu</rt></ruby><ruby>过<rt>guò</rt></ruby><ruby>马<rt>mǎ</rt></ruby><ruby>路<rt>lù</rt></ruby>，

<ruby>我<rt>wǒ</rt></ruby><ruby>来<rt>lái</rt></ruby><ruby>当<rt>dāng</rt></ruby> "<ruby>眼<rt>yǎn</rt></ruby><ruby>睛<rt>jing</rt></ruby>"：

<ruby>牵<rt>qiān</rt></ruby><ruby>好<rt>hǎo</rt></ruby><ruby>手<rt>shǒu</rt></ruby>，<ruby>把<rt>bǎ</rt></ruby><ruby>路<rt>lù</rt></ruby><ruby>领<rt>lǐng</rt></ruby>，

<ruby>做<rt>zuò</rt></ruby><ruby>了<rt>le</rt></ruby><ruby>好<rt>hǎo</rt></ruby><ruby>事<rt>shì</rt></ruby><ruby>不<rt>bù</rt></ruby><ruby>留<rt>liú</rt></ruby><ruby>名<rt>míng</rt></ruby>……

我爱吃饭啦

饭前不再吃零食，
吃饭不把电视看。
坏习惯，全改变，
饭菜香甜嘴巴馋。

64

chī fàn bù shuō huà
吃饭不说话

xiǎo gāng gang　　máo bìng dà
小 刚 刚 ，毛 病 大 ，

duān qǐ fàn wǎn ài shuō huà
端 起 饭 碗 爱 说 话 ：

shuō dōng jiā　　shuō xī jiā
说 东 家 ，说 西 家 ，

fàn cài quán liáng la
饭 菜 全 凉 啦 ——

dù zi　　gū lū　　téng pā xià
肚 子 "咕 噜" 疼 趴 下 ！

shēng guó qí
升国旗

千面旗，万面旗，
qiān miàn qí　　wàn miàn qí

我们最爱升国旗，
wǒ men zuì　ài shēng guó qí

"五颗金星"团结紧，
wǔ　kē　jīn xīng　　tuán jié jǐn

光芒万丈照天地。
guāng máng wàn zhàng zhào tiān　dì

66

打喷嚏
dǎ pēn tì

小花猫，打喷嚏，
xiǎo huā māo　　dǎ pēn tì

双手轻捂嘴和鼻。
shuāng shǒu qīng wǔ zuǐ hé bí

小狗歪着脑瓜看，
xiǎo gǒu wāi zhe nǎo guā kàn

"文明习惯"记心里！
wén míng xí guàn　　jì xīn lǐ

乘电梯
chéng diàn tī

电梯门，刚打开。
diàn tī mén gāng dǎ kāi

"先出后进"我明白。
xiān chū hòu jìn wǒ míng bai

遵守秩序不钻挤，
zūn shǒu zhì xù bù zuān jǐ

那才是个"好小孩"！
nà cái shì gè hǎo xiǎo hái

给妈洗脚丫

端盆水，轻轻划——
我给妈妈洗脚丫。
妈妈眼里闪泪花，
夸我是个"好娃娃"！

wǒ de xiǎo rén shū
我的"小人书"

xiǎo dì di　　bú yào kū
小弟弟，不要哭，

nǐ kàn wǒ de　　xiǎo rén shū
你看我的"小人书"：

xiǎo jī qiǎo miào dòu hú li
"小鸡巧妙斗狐狸"，

zán liǎ yì qǐ dú
咱俩一起读！

xiǎo shū bāo
小书包

xiǎo shū bāo　　zhēn qín láo
小书包，真勤劳，

xué xí yòng pǐn bǎo guǎn hǎo
学习用品保管好。

jiàn wǒ dé le　　xiǎo hóng huā
见我得了"小红花"，

dù　lǐ zhuāng mǎn xiào xiào xiào
肚里装满笑笑笑！

小字典

小字典，好朋友，

学问大，不夸口。

面对面，手拉手，

笑眯眯，看不够。

向画报赔礼
xiàng huà bào péi lǐ

小画报，别生气，
xiǎo huà bào　　bié shēng qì

我向你，来赔礼：
wǒ xiàng nǐ　　lái péi lǐ

脏手摸过你的脸，
zāng shǒu mō guo nǐ de liǎn

粗心撕破你的衣……
cū xīn sī pò nǐ de yī

今天手儿洗得白，
jīn tiān shǒu ér xǐ de bái

懂得关心爱护你！
dǒng de guān xīn ài hù nǐ

小瓷猪

xiǎo cí zhū
小瓷猪，

xiǎo cí zhū　　pàng yòu yuán
小瓷猪，胖又圆，

tā shì wǒ de　　cún qián guàn
它是我的"存钱罐"。

wǒ mǎi xīn shū dà jiā kàn
我买新书大家看，

cí zhū xiào zhe bǎ tóu diǎn
瓷猪笑着把头点……

压岁钱

过新年，好喜欢，
爸妈给我"压岁钱"。
不乱花，巧打算：
明天买支花铅笔，
读书去上幼儿园。

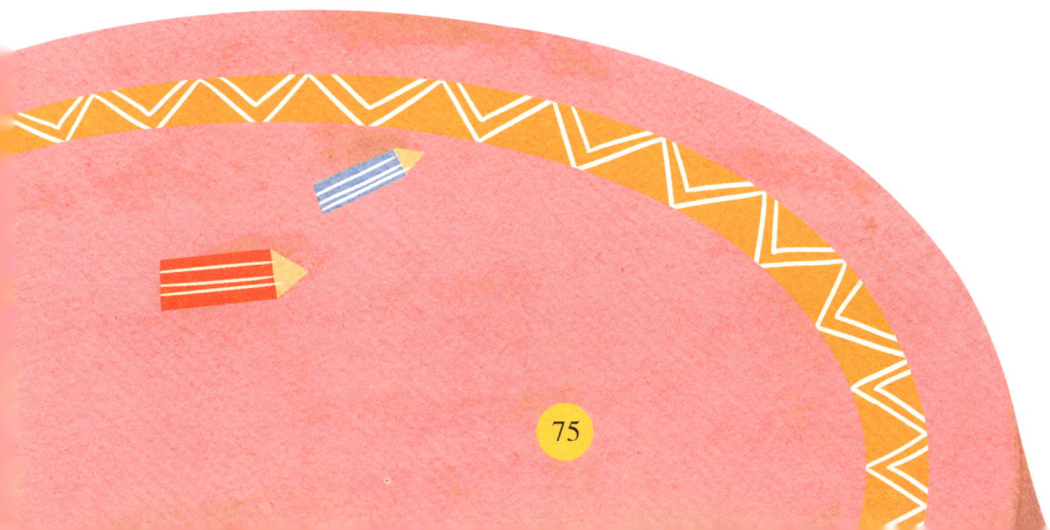

花布兜儿

我的花布兜儿，

不装 糖和豆儿。

里面都有啥？

铅笔头儿，橡皮头儿，

还有捡到的小纽扣儿……

一星半 点儿不浪费，

勤俭节约记心头！

cáng tài yáng
藏太阳

dà tài yáng　　nuǎn yáng yáng
大太阳，暖洋洋，

mā gěi nǎi nai shài bèi máng
妈给奶奶晒被忙。

wǒ xué mā ma jìn xiào xīn
我学妈妈尽孝心，

zhǎng bèi mián xié lǐ cáng tài yáng
长辈棉鞋里藏太阳……

公家东西不能拿

gōng jia dōng xi   bù néng ná

幼儿园的"洋娃娃",

大大眼睛 黄头发。

白天跟我一起玩,

晚 上 不 能 带 回 家。

78

照镜子 zhào jìng zi

zhào jìng zi　　xià yí tiào
照镜子，吓一跳，

lǐ bian xiǎo hái wāi dài mào
里边小孩歪戴帽！

wǒ bǎ mào zi fú duān zhèng
我把帽子扶端正，

liǎng gè wá wa yì qǐ xiào
两个娃娃一起笑……

79

wǒ de xiǎo jiǎn dāo
我的小剪刀

xiǎo jiǎn dāo　　xiào mī mī
小剪刀，笑眯眯，

bāng wǒ jiǎn zhǐ mài lì qi
帮我剪纸卖力气。

nǎo guā xiàng xià shuì　chā tǒng
脑瓜向下睡"插筒"，

tǎng zài chōu ti tóu cháo lǐ
躺在抽屉头朝里。

剪指甲
jiǎn zhǐ jia

xiǎo jiǎn dāo   shǒu zhōng ná
小剪刀，手中拿，

　　kēng chi　　kēng chi　　jiǎn zhǐ jia
"吭哧、吭哧"剪指甲。

hēi ní　　bìng jūn quán gǎn pǎo
黑泥、病菌全赶跑，

zhēng dài wèi shēng　　xiǎo hóng huā
争戴卫生"小红花"！

小玲笑啦

小老鼠，吱吱叫，

吓得小玲哭又闹。

我捏鼻子学猫叫

"喵——"

老鼠跑了小玲笑。

dà ren tán huà bù chā zuǐ
大人谈话不插嘴

dà ren zhèng tán huà
大人正谈话，

páng tīng bù chā zuǐ
旁听不插嘴。

rén rén dōu kuā jiǎng
人人都夸奖：

dǒng shì de bǎo bao měi
"懂事的宝宝美！"

<ruby>敲<rt>qiāo</rt></ruby> <ruby>门<rt>mén</rt></ruby>

xiǎo yáng qiāo mén yòng tóu dǐng
小 羊 敲 门 用 头 顶，

xiǎo xióng qiāo mén yòng jiǎo dēng
小 熊 敲 门 用 脚 蹬，

xiǎo zhū qiāo mén zuǐ ba gǒng
小 猪 敲 门 嘴 巴 拱，

xiǎo māo qiāo mén shǒu zhǐ pèng
小 猫 敲 门 手 指 碰。

dà jiā píng yi píng
大 家 评 一 评：

shuí cuò shuí wén míng
谁 错？谁 文 明？

84

接礼物

接礼物，心喜悦，

讲究文明懂礼节：

站正、弯腰双手接，

点头、微笑说"谢谢"！

小医生

头戴小白帽，

手拿"听诊器"。

我给布娃娃，

查呀，查身体——

牙疼要注意，

别贪巧克力！

亮眼睛
liàng yǎn jing

tǎng   wò bú kàn shū
躺、卧不看书，

xiě zì zuò duān zhèng
写字坐端正。

yǎn jìng kuài zǒu kāi
眼镜快走开，

wǒ yǒu liàng yǎn jing
我有亮眼睛。

乖宝贝儿

爷爷正画画儿，
我给送杯水儿。
奶奶写完字儿，
我给捶捶腿儿。
啦、啦、啦——
爸妈夸我"乖宝贝儿"！

小鸡，你别看

小鸡，你别看，

我早改坏习惯：

不掉菜，不撒饭，

你快捉 虫 去解馋！

我家住高楼

我家住高楼，

白云脚下游。

阳台上，不打斗，

杂物不向 窗 外丢——

"文明、安全"记心头。

不做冒险事
bú zuò mào xiǎn shì

小力力，真淘气，
xiǎo lì li，zhēn táo qì

玩暖瓶，爬桌椅……
wán nuǎn píng，pá zhuō yǐ

冒险的事他去干，
mào xiǎn de shì tā qù gàn

鼻青脸肿害自己！
bí qīng liǎn zhǒng hài zì jǐ

祸从口出
huò cóng kǒu chū

满嘴没实话，
mǎn zuǐ méi shí huà

就爱瞎吹牛。
jiù ài xiā chuī niú

早晚 "狼来了" ——
zǎo wǎn láng lái le

惹祸栽跟头！
rě huò zāi gēn tou

xiǎo lǒng shū
小拢梳

xiǎo lǒng shū　　hǎo péng you
小 拢 梳，好 朋 友，

rè xīn bāng wǒ cháng shū tóu
热 心 帮 我 常 梳 头。

bà mā kuā wǒ　　ài zhěng jié
爸 妈 夸 我 "爱 整 洁"，

tā zài yì páng lè yōu yōu
它 在 一 旁 乐 悠 悠。

玩儿滑梯

玩儿滑梯，守纪律，

排好队，滑下去。

好像鱼儿河里游，

安全游进大海里。

94

别上“钩”

有人自称“大朋友”，
糖果玩具拿在手：
笑嘻嘻，接你走，
千万别上“钩”——
当心小羊落“虎口”！

95

打针
dǎ zhēn

伸 出 小 胳 膊，
shēn chū xiǎo gē bo

打 针 我 不 哭。
dǎ zhēn wǒ bù kū

只 当 蚊 子 叮 一 口，
zhǐ dàng wén zi dīng yì kǒu

勇 敢 宝 宝 不 在 乎，
yǒng gǎn bǎo bao bú zài hu

高 高 兴 兴 把 病 除！
gāo gāo xìng xìng bǎ bìng chú

liǎng zhī xiǎo huā gǒu
两只小花狗

liǎng zhī xiǎo huā gǒu
两只小花狗，

jiàn miàn cèng bí tóu
见面蹭鼻头。

xiǎo shēng wāng wāng jiào
小声"汪汪"叫，

wèn hòu hǎo péng you
问候好朋友。

洗手帕

xiǎo wéi qún　　yāo shàng zā
小围裙，腰上扎，

duān pén qīng shuǐ xǐ shǒu pà
端盆清水洗手帕。

qīng qīng róu　　xì xì cuō
轻轻揉，细细搓，

níng gān jiù wǎng shéng shàng guà
拧干就往绳上挂——

kāi chū yí chuàn　　qiān niú huā
开出一串"牵牛花"……

zì jǐ zǒu
自己走

mā ma kuài fàng shǒu
妈妈快放手，

bà ba kuài lái chǒu
爸爸快来瞅，

wǒ huì zì jǐ zǒu
我会自己走。

diē dǎo pá qǐ lái
跌倒爬起来，

zài téng yě bù kū
再疼也不哭，

dēng dēng dēng
噔、噔、噔——

jiā yóu zài jiā yóu
加油、再加油！

gào su huā pí qiú

告诉花皮球

huā pí qiú　　hǎo péng you
花皮球，好朋友，

zán liǎ yì qǐ wán
咱俩一起玩，

bù xǔ shàng mǎ lù
不许上马路。

mǎ lù shàng　　qì chē duō
马路上，汽车多，

róng yì zhuàng pò tóu
容易撞破头……

wèi shá bù měi
为啥不美？

xiǎo zhū chī fàn luàn hēng hēng
小猪吃饭乱哼哼，

xiǎo yā chī fàn bā da zuǐ
小鸭吃饭吧嗒嘴。

zhuō shàng luò mǎn cài hé fàn
桌上落满菜和饭，

bù měi　　bù měi　　zhēn bù měi
不美、不美，真不美！

捉 "？"

老师教我捉 "？"

开动脑筋勤思考：

把它变成 "金钥匙"，

我为祖国去探宝。

"金牌"

yuán yuán bǐng gān yí kuài kuài
圆圆饼干一块块，

wǒ yòng hóng xiàn chuàn qǐ lái
我用红线串起来。

yíng jiē shì jiè ào yùn huì
迎接世界奥运会，

jiǎng gěi guàn jūn dāng jīn pái
奖给冠军当"金牌"！

一本书
yì běn shū

一本书，两扇门，
yì běn shū　liǎng shàn mén

里面藏着金和银：
lǐ miàn cáng zhe jīn hé yín

金儿歌，银故事……
jīn ér gē　yín gù shi

好看、好听，真迷人。
hǎo kàn　hǎo tīng　zhēn mí rén

自己睡

亲亲小枕头，

躺下自己睡。

轻轻闭上眼，

不要别人陪。

fēn píng guǒ
分苹果

dà píng guǒ　　bǎi mǎn zhuō
大苹果，摆满桌，

quán jiā wéi zuò lè hē hē
全家围坐乐呵呵。

wǒ tiāo yí gè zuì dà de
我挑一个最大的，

xiān ràng yé ye jiě jiě kě
先让爷爷解解渴！

一角钱

买盐多找回一角钱，

马上交还售货员。

我是祖国的小红花，

半点贪心不能沾！

107

文明观众
wén míng guān zhòng

guān sài tái shàng kàn bǐ sài
观赛台上看比赛，

jiā yóu　　zhù wēi bǎ shǒu pāi
"加油"助威把手拍。

shǒu jì lǜ　　qí hè cǎi
守纪律，齐喝彩，

wén míng guān zhòng　　guāi xiǎo hái
文明观众"乖小孩"！

不给别人起外号

qǐ wài hào　　jiào wài hào
起外号，叫外号，

dōu shì duì rén bù lǐ mào
都是对人不礼貌——

xì shuǎ bié ren zì jǐ lè
戏耍别人自己乐，

yīng gāi zhī xiū liǎn fā shāo
应该知羞脸发烧。

109

xiào xiào xiào
笑笑笑

yé ye xiào　　　hú zi qiào
爷爷笑——胡子翘，

nǎi nai xiào　　　wān xià yāo
奶奶笑——弯下腰，

bà ba xiào　　　mī yǎn jiǎo
爸爸笑——眯眼角，

mā ma xiào　　　yáng méi mao
妈妈笑——扬眉毛。

bǎo bao xiào ya xiào
宝宝笑呀笑——

pāi shǒu chàng yòu tiào
拍手唱又跳。

环保"小卫士"
huán bǎo　　xiǎo wèi shì

塑料袋、废电池，
sù liào dài　　fèi diàn chí

地上发现都捡起。
dì shàng fā xiàn dōu jiǎn qǐ

我是环保"小卫士"，
wǒ shì huán bǎo　　xiǎo wèi shì

爱护地球牢牢记。
ài hù dì qiú láo láo jì

嘴巴歌

小"八哥"，巧嘴巴。

心灵会学人说话。

好孩子，甜嘴巴，

文明礼貌人人夸。

112

爱鸟歌

孔雀美，百灵巧，

大家都来爱护鸟。

假如世上没有鸟，

那可不得了——

美妙的啼声听不见，

害虫结队到处跑……

你爱鸟，我爱鸟，

鸟语花香环境好！

113

dú shū lè
读书乐

pěng qǐ yì běn shū
捧 起 一 本 书，

dǎ kāi jù bǎo pén
打 开 聚 宝 盆：

yǎn qián liàng shǎn shǎn
眼 前 亮 闪 闪，

lè huài dú shū rén
乐 坏 读 书 人。

114

课本里的作家

序 号	作 家	作 品	年 级
1	金 波	金波经典美文：第一辑 树与喜鹊	一年级
2	金 波	金波经典美文：第二辑 阳光	
3	金 波	金波经典美文：第三辑 雨点儿	
4	金 波	金波经典美文：第四辑 一起长大的玩具	
5	夏辇生	雷宝宝敲天鼓	
6	夏辇生	妈妈，我爱您	
7	叶圣陶	小小的船	
8	张秋生	来自大自然的歌	
9	薛卫民	有鸟窝的树	
10	樊发稼	说话	
11	圣 野	太阳公公，你早！	
12	程宏明	比尾巴	
13	柯 岩	春天的消息	
14	窦 植	香水姑娘	
15	胡木仁	会走的鸟窝	
16	胡木仁	小鸟的家	
17	胡木仁	绿色娃娃	
18	金 波	金波经典童话：沙滩上的童话	二年级
19	高洪波	高洪波诗歌：彩色的梦	
20	冰 波	孤独的小螃蟹	
21	冰 波	企鹅寄冰·大象的耳朵	
22	张秋生	妈妈睡了·称赞	
23	孙幼军	小柳树和小枣树	
24	吴 然	吴然精选集：五彩路	三年级
25	叶圣陶	荷花·爬山虎的脚	
26	张秋生	铺满金色巴掌的水泥道	
27	王一梅	书本里的蚂蚁	
28	张继楼	童年七彩水墨画	

序 号	作 家	作 品	年 级
29	张之路	影子	三年级
30	曹文轩	曹文轩经典小说：芦花鞋	四年级
31	高洪波	高洪波精选集：陀螺	
32	吴 然	吴然精选集：珍珠雨	
33	叶君健	海的女儿	
34	茅 盾	天窗	
35	梁晓声	慈母情深	五年级
36	陈慧瑛	美丽的足迹	
37	丰子恺	沙坪小屋的鹅	
38	郭沫若	向着乐园前进	
39	叶文玲	我的"长生果"	
40	金 波	金波诗歌：我们去看海	六年级
41	肖复兴	肖复兴精选集：阳光的两种用法	
42	臧克家	有的人——臧克家诗歌精粹	
43	梁 衡	遥远的美丽	
44	臧克家	说和做——臧克家散文精粹	七年级
45	郭沫若	煤中炉·太阳礼赞	
46	贺敬之	回延安	八年级
47	刘成章	刘成章散文集：安塞腰鼓	
48	叶圣陶	苏州园林	
49	茅 盾	白杨礼赞	
50	严文井	永久的生命	
51	吴伯箫	吴伯箫散文选：记一辆纺车	
52	梁 衡	母亲石	
53	汪曾祺	昆明的雨	
54	曹文轩	曹文轩经典小说：孤独之旅	九年级
55	艾 青	我爱这土地	
56	卞之琳	断章	
57	梁实秋	记梁任公先生的一次演讲	高中
58	艾 青	大堰河——我的保姆	
59	郭沫若	立在地球边上放号	